Confiance en soi pour les managers

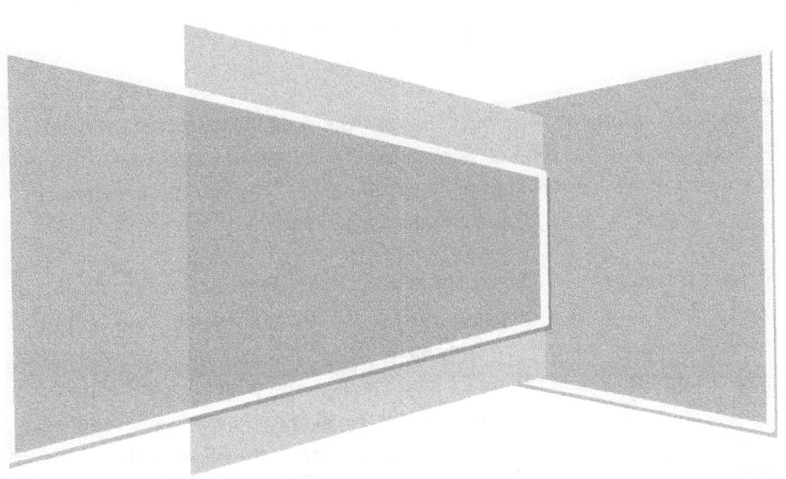

Confiance en soi pour les managers

Série " Compétences en gestion pour les gestionnaires "
Par : D.K. Hawkins
Version 1.1 ~septembre 2021
Publié par D.K. Hawkins sur KDP
Copyright ©2021 par D.K. Hawkins. Tous droits réservés.

Aucune partie de cette publication ne peut être reproduite, distribuée ou transmise sous quelque forme ou par quelque moyen que ce soit, y compris la photocopie, l'enregistrement ou d'autres méthodes électroniques ou mécaniques ou par tout système de stockage ou de récupération de l'information, sans l'autorisation écrite préalable des éditeurs, sauf dans le cas de très brèves citations incorporées dans des critiques et de certaines autres utilisations non commerciales autorisées par la loi sur le droit d'auteur.

Tous droits réservés, y compris le droit de reproduction totale ou partielle sous quelque forme que ce soit.

Toutes les informations contenues dans ce livre ont été soigneusement recherchées et vérifiées quant à leur exactitude factuelle. Toutefois, l'auteur et l'éditeur ne garantissent pas, de manière expresse ou implicite, que les informations contenues dans ce livre conviennent à chaque individu, situation ou objectif et n'assument aucune responsabilité en cas d'erreurs ou d'omissions.

Le lecteur assume le risque et l'entière responsabilité de toutes ses actions. L'auteur ne sera pas tenu responsable de toute perte ou dommage, qu'il soit consécutif, accidentel, spécial ou autre, pouvant résulter des informations présentées dans ce livre.

Toutes les images sont libres d'utilisation ou achetées sur des sites de photos de stock ou libres de droits pour une utilisation commerciale. Pour ce livre, je me suis appuyé sur mes propres observations ainsi que sur de nombreuses sources différentes, et j'ai fait de mon mieux pour vérifier les faits et accorder le crédit qui leur est dû. Dans le cas où du matériel serait utilisé sans autorisation, veuillez me contacter afin que l'oubli soit corrigé.

Les informations fournies dans ce livre le sont à titre informatif uniquement et ne sont pas destinées à être une source de conseils ou d'analyse de crédit en ce qui concerne le matériel présenté. Les informations et/ou documents contenus dans ce livre ne constituent pas des conseils juridiques ou financiers et ne doivent jamais être utilisés sans avoir consulté au préalable un professionnel de la finance afin de déterminer ce qui convient le mieux à vos besoins individuels.

L'éditeur et l'auteur ne donnent aucune garantie ou autre promesse quant aux résultats qui peuvent être obtenus en utilisant le contenu de ce livre. Vous ne devez jamais prendre de décision d'investissement sans consulter au préalable votre propre conseiller financier et sans effectuer vos propres recherches et diligences. Dans toute la mesure permise par la loi, l'éditeur et l'auteur déclinent toute responsabilité dans le cas où les informations, commentaires, analyses, opinions, conseils et/ou recommandations contenus dans ce livre s'avéreraient inexacts, incomplets ou peu fiables, ou entraîneraient des pertes d'investissement ou autres.

Le contenu de ce livre n'est pas destiné à et ne constitue pas un conseil juridique ou un conseil en investissement et aucune relation avocat-client n'est établie. L'éditeur et l'auteur fournissent ce livre et son contenu sur une base "telle quelle". Vous utilisez les informations contenues dans ce livre à vos propres risques.

TABLE DES MATIÈRES.

TABLE DES MATIÈRES...4

INTRODUCTION...6

CHAPITRE 1 12

    La confiance en soi en tant que manager et sur le lieu de travail. 12

CHAPITRE 2 23

    Développer une attitude confiante en tant que manager....23

CHAPITRE 3 33

    Développer sa confiance en soi et son intelligence. 33

CHAPITRE 4 39

    Développer la confiance en soi et les qualités de leadership. 39

CHAPITRE 5 45

    Renforcer votre confiance en vous Exercices de renforcement de la confiance en soi. 45

CHAPITRE 6 51

    Les compétences en leadership contribuent à la confiance en soi et à l'estime de soi...51

CHAPITRE 7 62

    Listes de pouvoirs de confiance en soi pour un leadership fort. 62

CHAPITRE 8 68

    Des étapes significatives vers la confiance en soi. 68

CONCLUSION. 74

INTRODUCTION.

En tant que manager, votre estime de soi et votre confiance en vous peuvent faire la différence entre la voie rapide vers le succès et le side-car vers nulle part.

Quelle que soit la qualité de votre formation, de votre éducation formelle ou de vos talents tactiques, si vous manquez de confiance en vous, vous n'aurez pas la capacité d'inspirer confiance aux autres. Il faut gagner la confiance des autres pour gravir l'échelle du succès en entreprise et en affaires.

Maintenant, la bonne nouvelle ! La confiance en soi peut être développée dans n'importe quel domaine d'intérêt. Bien que cela puisse prendre du temps, de la patience, de la pratique et de la sensibilisation, les gens développent leur confiance tous les jours. Souvent, nous ne sommes pas conscients de ce que nous faisons.

Le développement de la confiance en soi est similaire au développement musculaire. Vous commencez prudemment, en faisant de petits pas et en vous poussant un peu plus loin à chaque fois, jusqu'à ce que vous atteigniez votre destination finale, à savoir l'accomplissement compétent d'une tâche donnée.

Si vous manquez d'assurance dans la gestion des personnes, la première chose à faire est de noter les domaines dans lesquels vous êtes confiant et ceux dans lesquels vous ne l'êtes pas. Une fois que vous avez identifié vos points faibles, écrivez ce qu'il faudrait faire pour que vous soyez confiant dans ces domaines.

Avez-vous besoin d'une formation supplémentaire ?

Avez-vous besoin d'un entraînement supplémentaire ?

Cela fait-il vraiment partie de vos compétences ?

Une fois que vous avez déterminé ce que vous devez faire, vous pouvez créer une stratégie pour commencer à acquérir les compétences, les tâches ou la pratique dont vous pensez avoir besoin. En réalisant cette activité, vous verrez qu'il y a des mesures que vous pouvez prendre. Rien n'est perdu, et vous n'êtes pas obligé de souffrir, de tolérer ou d'être gêné par cette situation.

Le fait d'avoir ces connaissances vous aidera à augmenter votre estime de soi et votre confiance. En effet, au lieu de ne pas avoir confiance en vous et en vos talents, vous découvrirez que vous pouvez améliorer vos performances grâce à vos nouveaux outils uniques.

Maintenant, planifiez comment vous allez acquérir les nouvelles compétences et les nouveaux outils dont vous avez besoin. Divisez les choses en morceaux gérables afin que l'objectif global ne vous paraisse pas écrasant. Créez ensuite un plan pour réaliser chaque étape. Chaque fois que vous franchissez une étape, vous renforcez le muscle de votre confiance.

Pendant que vous travaillez à développer une confiance durable dans vos talents, il existe quelques moyens simples de changer votre humeur, votre état d'esprit et vos sentiments intérieurs de confiance.

Si vous travaillez sur une présentation ou un projet, accordez-vous du temps supplémentaire pour vous préparer. La compréhension du contenu que vous présentez ou des spécificités d'un projet sur lequel vous travaillez renforce immédiatement votre estime de soi, votre confiance et votre expertise. Cela se manifestera dans vos interactions avec votre équipe et vos managers.

Concentrez-vous sur vos progrès. Dressez une liste de toutes les choses que vous avez accomplies au travail au cours des 90 derniers jours, ainsi que de l'année écoulée. Inscrivez une note à côté de chaque réalisation dont vous êtes réellement fier. Prenez note de toute remarque positive ou de tout remerciement de la part de vos coéquipiers ou de vos supérieurs concernant ces réalisations.

Notez également toutes les activités dans lesquelles vous vous êtes senti insuffisant. Réfléchissez à ce que vous pourriez faire, apprendre ou ajuster la prochaine fois pour susciter une réponse favorable ou positive. Il est bénéfique d'avoir des domaines dans lesquels vous pouvez vous améliorer ! Cela vous permet de continuer à grandir et à exceller.

Rappelez-vous que la confiance est la confiance que vous avez en votre potentiel final pour exécuter une activité spécifique. Par conséquent, commencez à placer progressivement la barre plus haut pour vous-même. Inscrivez-vous à un cours qui vous apprendra à effectuer une nouvelle tâche liée à votre rôle professionnel.

Renseignez-vous sur la possibilité de servir de mentor professionnel à une personne ayant besoin de votre expertise. Toutes ces actions augmenteront votre confiance, démontreront vos capacités et vous permettront d'acquérir de nouvelles compétences. Le véritable épanouissement de la vie commence par le développement de l'estime de soi et de la confiance en soi. Vous pouvez créer la vie, la carrière et les rêves de vos rêves en tant que manager.

Êtes-vous prêt ? Commençons.

CHAPITRE 1

La confiance en soi en tant que manager et sur le lieu de travail.

La confiance en soi occupe la zone précaire entre une estime de soi endommagée et un ego arrogant - Votre confiance en soi est importante. Des années d'expérience m'ont montré que les personnes qui réussissent pensent que les actes, les comportements et les résultats positifs explicites des personnes avec lesquelles elles ont travaillé ou dont elles ont été témoins ont considérablement renforcé leur confiance en elles.

Si cela est vrai, alors nous avons l'obligation, en tant que managers, de contrôler notre niveau de confiance en nous et, plus important encore, d'inciter les autres à faire de même. D'après mon expérience, de nombreuses personnes n'ont pas la confiance en soi nécessaire à une attitude réussie.

En effet, elles sont beaucoup plus délicates que nous ne le croyons. Il s'agit d'une attitude de "ne pas pouvoir faire" plutôt que de "pouvoir faire", et elle est malheureusement ancrée par des influences bien plus négatives que positives.

Je dirais qu'un sentiment sain de confiance en soi est un élément nécessaire à la performance et au succès. La confiance en soi est communément définie comme un état mental dans lequel une personne est sûre d'elle pour toute pensée ou situation actuelle. Elle peut être caractérisée comme un état d'esprit émotionnel ou une croyance en sa capacité de réussite.

Les personnes qui ont confiance en elles peuvent exercer un contrôle sur les conditions ou les circonstances plutôt que d'être gouvernées par elles. Par conséquent, elle peut contribuer à atténuer l'anxiété ou les préoccupations injustifiées et indésirables. Plus important encore, elle peut aider à créer des attentes claires pour des résultats favorables.

Je propose la réflexion suivante : la confiance en soi s'acquiert. Votre confiance en vous est unique. Vous devez la préserver et continuer à la développer, même si cela implique d'avoir une conversation en tête-à-tête avec votre reflet dans le miroir. Je ne promettrai jamais qu'elle ne connaîtra pas des périodes de pression intense, mais la capacité de la contrôler est en vous.

En effet, vous pouvez apprendre à tirer parti de votre confiance en vous pour surpasser ceux qui vous entourent. Croire en soi vous donne un avantage sur ceux qui ne peuvent pas modeler ces mêmes pensées positives.

Cela signifie que vous pouvez vous sentir maître de la situation dans n'importe quel scénario, indépendamment des personnes qui vous entourent. Bien sûr, cela exige que vous soyez prêt à faire tous les efforts nécessaires pour accomplir la tâche à accomplir.

Votre estime de soi est le fondement de votre réussite personnelle et professionnelle. Ne laissez jamais quelqu'un vous enlever votre confiance en vous. Elle vous appartient et vous la chérissez à perpétuité, et vous seul pouvez permettre à des personnes de saper votre confiance en vous.

Les individus existent à tous les niveaux d'une organisation. Seules les règles sociétales, l'expérience et la gouvernance d'entreprise ont conféré des privilèges spéciaux à certaines personnes, tels que des informations privilégiées, des titres, des bureaux d'angle et des avantages pour les cadres.

En conséquence, certaines personnes ont acquis une influence réelle ou perçue ou une position d'autorité ou, plus encore, elles ont été dotées de connaissances ou de pouvoirs qui, selon vous ou selon elles, leur confèrent une autorité sur vous. La réalité est qu'ils sont entrés dans le monde de la même manière et qu'ils en sortiront de la même manière, avec un premier et un dernier souffle.

Ce à quoi les individus ont été exposés, ce qu'ils ont appris et la façon dont ils choisissent d'utiliser ce qu'ils ont appris déterminent leur position vis-à-vis des autres. En effet, indépendamment de la stature, de la fonction ou du titre, je sais que j'ai observé et expérimenté des niveaux élevés et faibles de confiance en soi.

J'ai eu l'occasion de développer une relation personnelle avec le président de l'entreprise très tôt dans ma carrière. Un jour, je faisais du canoë avec lui sur un lac près de sa résidence d'été. Je m'efforçais d'être très précis dans tous mes efforts.

Ma conversation était raide et malaisée, consistant principalement en "Oui monsieur, non monsieur, trois sacs pleins monsieur". Il m'a fait basculer dans le lac alors que nous approchions du quai, et il est sorti du canoë. Avec un sourire agréable, il m'a offert sa main pour m'aider à sortir de l'eau et m'a rappelé avec désinvolture que lui, comme tout le monde, aimait s'amuser.

Je n'oublierai jamais cette leçon ; cette conversation a implanté en moi un sentiment de confiance en soi qui a duré le reste de mes années. J'ai appris à interagir avec des personnes plus âgées que moi. Bien que je traite mes employés avec le respect qu'ils méritent ou qu'ils ont gagné, la réalité est qu'ils sont comme vous et moi.

Chacun d'entre nous mérite et doit mériter un niveau approprié de respect personnel. Réfléchissez à la manière dont vos interactions et vos observations avec les autres sur la voie de la réussite peuvent avoir un impact significatif sur votre apprentissage et le développement de votre confiance en vous.

Gérer vers le haut.

Votre meilleure confiance en vous sera cruciale lorsque vous interagirez avec des personnes plus âgées. Ils la percevront rapidement, se sentiront plus à l'aise en votre présence et respecteront vos capacités, quelles que soient les circonstances. Il est possible que les dirigeants eux-mêmes soient incertains ou manquent de compréhension sur certains sujets.

Comme prévu, on ne peut pas attendre des dirigeants qu'ils soient des spécialistes dans tous les domaines. Votre estime de soi leur permettra de continuer à dépendre de vous. Ils développeront une appréciation pour vous en raison de la valeur que vous apportez au lieu de travail.

Vous remarquerez peut-être qu'à mesure que leur confiance en vous grandit, ils vous délégueront probablement des responsabilités supplémentaires. Il se peut qu'ils ne détectent ou n'évaluent pas toujours avec précision vos compétences ou votre motivation personnelle pour un travail donné. Par conséquent, vous devrez leur en faire part afin de terminer la tâche correctement.

L'assurance est une compétence importante à développer lorsque vous découvrez votre véritable certitude et votre compréhension. Cette assurance se manifestera en vous. En effet, elle peut être le facteur décisif de votre réussite.

Simultanément, elle pourrait vous positionner comme un modèle pour les autres employés qui cherchent à faire progresser leur carrière.

Il m'est arrivé à plusieurs reprises d'essayer d'encadrer mes employés ou de leur servir de coach. Par exemple, je leur ai donné des conseils sur la façon de mieux faire les choses ou j'ai suggéré des alternatives qui avaient fonctionné efficacement dans des cas similaires.

L'une des façons les plus simples de procéder est de leur demander ce qu'ils pensent de la façon dont les choses se sont déroulées ou comment ils auraient agi différemment. À l'occasion, je leur demande s'ils sont ouverts à une approche différente et je leur laisse le choix entre plusieurs options intéressantes. Avec le temps et le niveau de respect approprié, les dirigeants viendront souvent à votre rencontre - une expérience extrêmement enrichissante.

Gestion descendante.

Lorsque vous interagissez avec vos employés, votre confiance en vous servira de balise à leur confiance inébranlable en vous en tant que manager ; à mesure que votre confiance dans un sujet particulier s'accroît, la leur aussi. Si vous laissez votre confiance s'effriter, vous serez scruté.

Permettez et encouragez vos employés à proposer des idées - en particulier celles qui sont supérieures aux vôtres. Encouragez-les à faire de leur mieux et soyez ouvert à la possibilité que certains finissent par progresser plus vite que vous.

En encourageant ce comportement, vous montrez aux enfants qu'ils peuvent, eux aussi, obtenir plus de succès qu'ils ne l'ont jamais imaginé. En outre, ils vous admireront pour avoir encouragé cette approche. N'essayez pas de supposer ou d'interpréter ce que les gens veulent, car cela les fermera à un monde dont ils ignorent l'existence.

En tant que manager, il vous incombe d'encourager un lieu de travail ouvert et de guider l'exploration du monde au bout des doigts. Que se passe-t-il en conséquence ? Vous avez confiance en eux, ils ont confiance en vous et ils ont confiance en eux-mêmes. Vous avez généré une énergie puissante qui catalysera leur réussite et la vôtre!

Gestion transversale.

Les mêmes principes s'appliquent à la gestion de vos pairs, qu'il s'agisse d'une gestion ascendante ou descendante. Vous serez scruté et observé. Le climat est à la fois collaboratif et compétitif, et la personne la plus sûre d'elle ira souvent plus loin que ses amis.

Obtenez des informations ou des faits, évaluez le problème de manière réaliste, créez des objectifs acceptables pour vous-même et pour les autres et sollicitez l'aide des personnes qui peuvent influencer favorablement le résultat.

Une équipe de direction confiante déterminera la culture d'une organisation, une culture de la confiance en soi ! Il s'agit d'une culture qui s'informe plus qu'elle n'instruit et qui récompense plus qu'elle ne punit.

Lorsque vous apprenez à embrasser et à utiliser votre niveau de confiance en vous, il peut s'agir d'un instrument formidable pour vous pousser vers vos objectifs personnels et professionnels. Toutefois, une mise en garde s'impose : évitez de confondre un ego débridé avec une confiance en soi contrôlée ou perçue en vous-même et chez les autres.

J'ai découvert de première main que l'assurance d'un manager doit être développée de deux manières complémentaires : maintenir et renforcer sa propre confiance et la susciter chez ceux qu'il dirige. Le succès du leadership au niveau de la direction ne doit pas être déterminé uniquement par le leader, mais par la confiance de ceux à qui il doit rendre des comptes.

CHAPITRE 2

Développer une attitude confiante en tant que manager.

Avez-vous remarqué que les managers les plus performants communiquent, pensent et se comportent différemment de vous ? Avez-vous déjà regardé Oprah dans son émission de télévision et vous êtes-vous dit : "Quelle attitude merveilleuse !" Comment puis-je l'imiter ?

Excellente nouvelle ! Vous aussi, vous pouvez être comme ces personnes. Comment y parvenir ? En changeant vos opinions et vos comportements. La bonne nouvelle, c'est que chacun de nous peut changer, et que nous pouvons commencer à changer à tout moment, par exemple, MAINTENANT.

La bonne nouvelle est que c'est NOTRE RESPONSABILITÉ. Personne d'autre ne nous en empêche. Ainsi, le bruit de chasse d'eau que vous entendez maintenant est toutes nos justifications du "pourquoi les choses sont comme elles sont."

Comment changer vos perceptions?

Cela se fait par le biais de différentes croyances distinctes sur vous-même et votre situation. Cela demande un effort intentionnel au début. Toutes les tactiques abordées dans ce CHAPITRE visent à accroître le sentiment de confiance en soi en tant que manager.

L'autre composante est le changement de votre comportement. Si vos actions actuelles n'ont pas abouti au succès que vous souhaitez. Or, vous définissez le succès de manière personnelle et distincte ; vous devez agir différemment. Comme l'a dit Albert Einstein, "la folie consiste à répéter la même action et à s'attendre à un résultat différent".

Un nouveau vous émerge lorsque diverses attitudes et actions sont combinées : plus puissant, plus calme et plus aimant. En outre, vos opinions et vos comportements sont inextricablement liés. Une fois l'un d'eux modifié, l'autre suivra.

Il y a une force considérable dans l'action. Le succès et toutes les sensations qui l'accompagnent suivront si vous entreprenez les actions appropriées. Au fur et à mesure que vous développez un état d'esprit plus sûr de vous, vous vous sentirez continuellement inarrêtable, ce qui vous motivera à agir parce que vous comprenez ce qu'il faut faire et que vous avez confiance en votre capacité à le faire.

Que vous commenciez par vous concentrer sur les attitudes ou les actions, vous finirez par vous retrouver sur un chemin qui inclut l'établissement d'un état d'esprit de réussite et des façons efficaces d'agir. Tout cela - les attitudes et les talents - finit par être absorbé et développe une nouvelle façon d'être. C'est simple.

Voici quelques stratégies pour vous aider à développer un état d'esprit de réussite et de confiance en soi.

Pendant une semaine, commencez chaque journée de travail par l'une des trois approches énumérées ci-dessus. Avant de faire quoi que ce soit d'autre, lisez à vous-même le récit de votre WHY ou fermez les yeux et imaginez que vous êtes le roi ou fermez les yeux et imaginez comment votre héros aborderait la journée.

Si vous ne savez pas comment vous y prendre ou si vous vous sentez déprimé au cours de la journée, faites une pause et expérimentez une autre stratégie.

1. Construisez votre propre récit du POURQUOI.

Rappelez-vous pourquoi il s'agit du bon concept (par exemple, être un chef d'équipe ou poursuivre un objectif important de l'entreprise), pourquoi vous êtes la personne appropriée pour le mettre en œuvre et pourquoi le moment est idéal. Répétez ce récit à vous-même à plusieurs reprises. Si vous aimez écouter vos connaissances, enregistrez-vous en train de raconter votre histoire et écoutez-la chaque fois que vous en avez besoin.

Le fait de vous rappeler votre récit vous aide à développer votre confiance en vous, car nous nous concentrons souvent sur les déconnexions ou les défauts de nos récits. "J'ai commencé à étudier le commerce à l'université, mais je n'ai jamais été particulièrement passionné par ce domaine. J'ai pris un emploi dans la vente, mais je méprisais mon superviseur et la façon dont il nous pressait de vendre. Maintenant, je tente la vente directe, et qui sait si cela va réussir !"

Dans votre histoire, cherchez vos capacités et vos désirs authentiques. Puis regardez les nombreuses façons dont ils se sont manifestés au cours de votre vie. Vous avez peut-être toujours eu une capacité naturelle à aider les autres, à les mettre à l'aise ou à les éduquer. Vous pouvez exceller dans la mode et le design, la technologie ou la création d'une belle maison.

Cela me rappelle mon mélange unique de qualités (dont la ténacité et la passion d'apprendre) et d'expériences (dont la création de deux entreprises et leur croissance jusqu'à plus d'un million de dollars de revenus) et la façon dont elles m'ont façonnée et dotée d'un don que je partage aujourd'hui avec d'autres personnes.

2. Visualisez le roi.

Considérez-vous comme le monarque absolu et compatissant du royaume. Les individus vous adorent et vous admirent. Vous possédez une autorité totale, comme en témoignent la couronne que vous portez et le bâton d'or que vous brandissez.

Pensez à porter la couronne, à tenir votre bâton, à vous approcher du trône et à vous asseoir. Ensuite, un haut fonctionnaire entre pour vous poser la question à laquelle vous avez réfléchi. Quels sont vos sentiments?

Quelle est votre réponse?

3. Que ferait votre héros dans cette situation?

Choisissez quelqu'un que vous admirez beaucoup : Oprah, le PDG de votre entreprise, votre modèle spirituel. Si cette personne était à votre place, que ferait-elle ? Il est étrange de constater que, bien souvent, vous ne saurez pas quoi faire, mais que vous saurez ce que ferait votre héros!

4. Mettre en place un système de soutien.

Alecia Huck, une conférencière spécialiste de la motivation, ajoute une nouvelle corde à son arc. Elle a conditionné ses amies de sorte que lorsqu'elle appelle de mauvaise humeur, elles commencent instantanément à lui rappeler à quel point elle est merveilleuse, et c'est toujours efficace car elle leur a fourni le script à suivre !

En général, vos employés comprendront à quel point vous êtes préparé pour la tâche à accomplir. Ils peuvent vous rappeler que vous faites ce qu'il faut, que vous le faites bien et que vous faites la différence.

Une mise en garde importante concernant l'embauche de la famille et des amis : vous devez éviter les opposants. Lorsque vous changez de vie, d'autres personnes peuvent se sentir intimidées, soit parce qu'elles craignent que cela ne brise leur relation existante avec vous, soit parce qu'elles projettent leurs angoisses sur vous. Malheureusement, certains membres de votre famille peuvent être des sceptiques.

S'ils ne peuvent pas vous aider, ils doivent au moins rester impartiaux. S'ils ne peuvent pas rester neutres, il se peut que vous deviez éviter complètement d'aborder le sujet.

5. Acte.

N'oubliez pas que l'attitude et le comportement sont inextricablement liés ; l'un influence l'autre. Quel que soit votre état d'esprit actuel, vous vous sentirez mieux après avoir agi. Je crois fermement à l'efficacité d'une perspective optimiste, et il arrive parfois qu'elle ne soit pas présente.

Dans ces moments-là, peu importe comment vous vous sentez, vous devez passer à l'étape suivante, puis à la suivante. Après avoir agi (et quitté votre travail, appelé un ami, pris un verre de vin et passé une bonne nuit de sommeil), vous aurez une nouvelle perspective.

Une part importante de votre réussite sera déterminée par votre capacité à gérer vos attitudes. La confiance en soi combinée à l'action vous mènera loin sur le chemin de la réussite.

Lorsque l'année prochaine arrivera, vous pourrez vous réjouir de célébrer vos récents accomplissements, de respirer la confiance et le confort, et d'enfiler une fabuleuse paire de chaussures. Vous pouvez commencer votre voyage immédiatement.

La première étape est simple : il vous suffit de penser différemment et de vous comporter différemment. Cela dépend entièrement de vous et de votre mentalité.

L'éveil.

Utilisez l'une des trois premières procédures quotidiennement pendant les sept prochains jours. À la fin de la semaine, évaluez si ces approches ont amélioré votre capacité à gérer votre journée. Avez-vous gagné en confiance dans vos interactions avec les autres ? Était-il facile de choisir un point focal?

CHAPITRE 3

Développer sa confiance en soi et son intelligence.

La guidance de votre inconscient, qui génère vos rêves, vous aidera à développer votre confiance en vous et votre sagesse en tant que manager. Vous apprendrez à éviter de faire des erreurs et à toujours faire ce qui est nécessaire pour réussir dans la vie.

L'évolution de votre personnalité déterminera votre estime de soi. Votre métamorphose psychologique sera déterminée par les connaissances acquises grâce à l'apprentissage inconscient. Ces cours vous apprendront à gérer votre comportement. Agissez toujours après avoir considéré toutes les options disponibles dans chaque situation.

Votre vision vous aidera à développer la confiance en vos capacités. Vous pouvez prévoir l'avenir et identifier toutes les menaces potentielles,

les erreurs ou autres aspects négatifs qui pourraient entraîner des problèmes futurs. Ainsi, vous serez en mesure de remédier à toute erreur et de préparer le terrain pour les résultats positifs futurs que vous souhaitez.

Ce potentiel augmentera votre sentiment de sécurité et vous donnera le courage d'affronter les difficultés de la vie. Vous croirez sincèrement que vous pouvez résoudre tous les problèmes, surmonter tous les obstacles et finalement triompher.

Ce n'est que lorsque vous croyez en votre force intérieure que vous pouvez développer votre confiance en vous. Cependant, pour croire en votre force intérieure, vous devez éradiquer les notions erronées et les irrégularités comportementales qui vous empêchent de vous sentir fort.

J'ai simplifié pour vous la méthode d'interprétation des rêves de Carl Jung, mais il m'a fallu deux décennies pour mettre en pratique d'innombrables rêves et guérir de nombreux patients grâce à la thérapie par les rêves. Vous avez de la chance car, grâce à mes découvertes, j'ai pu simplifier le langage des rêves et le processus de transformation par la thérapie par le rêve.

Carl Jung ne pouvait pas voir l'intégralité du contenu de la psyché humaine puisqu'il a arrêté ses études à un point particulier, admettant son ignorance à partir de ce point. J'ai poursuivi son enquête, révélant ce qu'il ne pouvait pas voir avec sa compréhension limitée.

En conséquence, je vais affirmer sans ambages que vous avez hérité d'une conscience sauvage ridicule qui désire détruire votre conscience humaine par la folie et exercer un contrôle sur vos actions.

Tous vos rêves sont essentiellement un mécanisme de défense contre votre conscience primitive, l'anti-conscience, qui est responsable du développement de maladies mentales au sein de votre conscience humaine.

Les Amérindiens et de nombreuses personnes associées aux anciennes civilisations considéraient autrefois l'interprétation des rêves comme sacrée. Cependant, de nombreuses sociétés barbares équipées d'armes et d'armées redoutables ont réussi à détruire des sociétés pacifiques qui mettaient l'accent sur la signification des rêves et de la vie.

Aujourd'hui, la plupart des gens pensent que les rêves n'ont aucun sens ou qu'ils sont le reflet de nos émotions et de nos inquiétudes. Cette impression est entièrement fausse. Les découvertes de Carl Jung sur la signification des rêves et mes découvertes dues à la poursuite de ses recherches ont mis fin à toutes les idées préconçues sur le sens et la signification des rêves.

Malheureusement, l'effroyable compétition qui caractérise notre civilisation contemporaine, basée sur la violence et l'avidité, interdit aux gens de trouver le salut. De nombreuses découvertes scientifiques importantes continuent d'être ignorées par le monde parce que de nombreux scientifiques, spécialistes du marketing et autres professionnels de renom craignent de perdre leurs privilèges.

Ces spécialistes ne se soucient guère d'éviter la misère dans le monde parce que des solutions nouvelles et bénéfiques ont été découvertes. Ils préfèrent empêcher l'humanité de découvrir la vérité pour maintenir leur statut social. Par conséquent, ils font un effort considérable pour surpasser leurs adversaires.

C'est pourquoi, à ce jour, le monde a largement ignoré les étonnantes découvertes du psychiatre Carl Jung, même si sa méthode d'interprétation des rêves est si bénéfique qu'elle doit être enseignée dans les écoles.

Les Amérindiens et de nombreuses civilisations anciennes qui considéraient les rêves comme sacrés avaient entièrement raison. Les rêves sont importants car ils transmettent des messages inestimables de l'inconscient intelligent. L'esprit inconscient est d'origine divine ; il fonctionne de la même manière qu'un médecin naturel très généreux.

Vous devez commencer par développer votre confiance en vous en éradiquant les obstacles à votre progression. Ensuite, vous devez cultiver votre intelligence. Votre transformation psychologique et votre santé comportementale se traduiront par une plus grande confiance en vous.

C'est pourquoi elle définira toujours votre personnalité ; elle ne disparaîtra pas à cause des luttes de la vie. Votre confiance en vous sera toujours présente et vous aidera à triompher et à briller.

CHAPITRE 4

Développer la confiance en soi et les qualités de leadership.

Développez votre confiance en vous si vous voulez progresser en tant que manager dans votre organisation, car c'est l'une des caractéristiques de leadership les plus importantes. Dans ce CHAPITRE, j'aborde des conseils qui peuvent aider quiconque à améliorer son comportement de leader au niveau de la direction.

Sans confiance en soi, il vous sera difficile d'obtenir un poste de direction. Pour commencer, vous devez comprendre que les attributs du leadership sont basés sur le comportement.

Tous les managers exceptionnels gagnent la confiance et l'admiration de ceux avec qui ils entrent en contact. D'autre part, les managers efficaces se fient davantage à leurs capacités qu'à leur leadership.

Les managers accordent une plus grande importance à l'organisation de la communication et à la planification que les véritables leaders.

Ne croyez pas que ces compétences soient des caractéristiques de leadership sans importance, car elles sont essentielles au leadership. Cependant, le véritable comportement de leader dépend beaucoup plus de la personnalité que des capacités managériales de base.

Certaines personnes développent naturellement des caractéristiques de leadership en raison de l'éducation positive qu'elles ont reçue. Cependant, l'individu moyen dans la rue n'a pas pour objectif de devenir un leader et n'a donc pas la confiance en soi requise par un véritable leader.

Construire la confiance en soi.

Votre style de leadership est déterminé par des caractéristiques de personnalité telles que :

Humilité, intégrité, honnêteté, sincérité, engagement, sagesse, courage, compassion, confiance en soi, attitude optimiste, sensibilité, détermination et passion pour vos efforts. En outre, si vous souhaitez être un leader dans votre entreprise, vous devez d'abord cultiver un comportement de leader dans votre esprit.

Dress for Success est une règle générale.

Que vous soyez un homme ou une femme, vos vêtements en disent long sur vous. Ainsi, vous devez dépenser de l'argent en vêtements pour gagner de l'argent en tant que leader.

Ce conseil concernant l'apparence extérieure est l'un des moyens les plus simples de créer tous les traits de leadership. Il ne s'agit pas principalement de la conduite du leadership, qui n'est pas physique ; elle est plutôt spirituelle. Vous pouvez voler les vêtements d'un leader, mais pas son comportement de leader.

Messieurs, vous devriez apprendre à nouer vos propres cravates. Les cravates à clip sont désagréables. Vous ne savez jamais quand vous allez devoir défaire votre cravate. Considérez le scénario suivant : vous êtes dans une longue réunion d'affaires. De plus, une cravate nouée à la main est très élégante.

Mesdames, un coiffeur peut faire toute la différence dans votre apparence et votre bien-être. Pensez à vous faire une nouvelle coupe de cheveux et à vous habiller pour réussir. Vous vous sentirez mieux dans votre peau et gagnerez en confiance en vous.

Envisagez de vous inscrire à un cours d'art oratoire.

Je commencerai par me concentrer sur la première compétence de leadership comportemental que j'aborderai, l'art oratoire. Même si vous êtes l'employé le plus qualifié de l'organisation pour mener la conversation, le fait d'avoir une expérience de la prise de parole en public, que vous pouvez obtenir à l'université, peut vous aider à vous tenir à l'aise devant un public.

L'art oratoire est une compétence qui peut être affinée. Les concepts directeurs et les méthodes efficaces de prise de parole en public, que vous pouvez apprendre dans une école d'art oratoire, peuvent vous aider à améliorer votre comportement de leader et à renforcer votre confiance.

Suivez un cours de communication orale dès que possible. Choisissez un cours axé sur l'art oratoire, car il peut vous aider à surmonter votre peur de parler en public. Cela peut vous aider à développer votre confiance en vous et vous donner la certitude que les gens écouteront réellement votre message plutôt que d'évaluer votre style d'expression lorsque vous présentez un discours.

Supposez que vous avez déjà confiance en vous.

Vous n'avez pas besoin d'être un acteur pour commencer, et si vous êtes extrêmement peu sûr de vous, vous pouvez même commencer par jouer la comédie en privé. Cela vous aidera à développer votre confiance en vous.

Vous pouvez développer la confiance en vous que vous êtes capable de créer, mais vous devez y travailler. Vous pouvez surmonter les insécurités qui sont enfouies au plus profond de votre subconscient et qui vous empêchent peut-être d'atteindre votre plein potentiel.

CHAPITRE 5

Renforcer votre confiance en vous Exercices de renforcement de la confiance en soi.

La confiance en soi consiste à croire en ce que l'on peut accomplir. Elle est parfois confondue avec l'estime de soi ; pourtant, elles sont sensiblement différentes l'une de l'autre.

Vous manquez de confiance en vous si vous doutez souvent de vos talents. Si vous avez du mal à développer votre confiance en vous, vous devriez peut-être essayer de pratiquer certaines activités visant à renforcer la confiance en soi.

Les exercices de renforcement de la confiance en soi en deux minutes.

Le temps n'est pas un obstacle pour renforcer votre confiance en vous. Si vous êtes souvent occupé par des choses, vous pouvez essayer les exercices de renforcement de la confiance en deux minutes :

Regardez le miroir et imaginez votre reflet comme une personne différente. Prétendez que vous allez interagir avec cette personne.

Concentrez-vous et essayez de garder la tête immobile. La stratégie de visualisation du Tai Chi peut être d'une grande aide à cet égard. Il s'agit simplement d'imaginer qu'une corde pend à votre tête. Il est important de maintenir la tête droite pendant cet entraînement. Une fois votre tête et votre cou ajustés, vous êtes libéré des tensions et du stress.

Commencez à vous convaincre que vous êtes un modèle de confiance. Vous devrez peut-être recentrer votre attention sur l'état que vous souhaitez atteindre. Par exemple, supposez que vous êtes un étudiant en médecine. Considérez-vous comme un médecin.

Respirez profondément de temps en temps en faisant face au miroir. Croyez que votre chambre est bien aérée et que vous êtes entouré d'une grande quantité d'air frais - savourez-le. Lorsque vous inspirez et expirez, permettez-vous de sentir que l'air frais remplit tout votre organisme.

Videz votre esprit de toute pensée stressante pendant cette procédure et convainquez-vous que chaque fois que vous expirez, vous vous débarrassez également de ces pensées. Vous remarquerez que l'air pénètre chaque cellule de votre corps et que tout sentiment d'anxiété disparaîtra, remplacé par un sentiment de tranquillité.

Cette remarque peut vous être utile : "Je suis capable d'accomplir cela ! Tout va enfin se mettre en place en ma faveur". Vous n'êtes pas obligé de répéter la déclaration énoncée ; vous pouvez plutôt vous dire n'importe quoi de positif.

La positivité est l'une des clés d'une existence épanouie. Une pensée positive est puissante, et son importance ne peut être surestimée. Pratique de la minute positive pour renforcer la confiance en soi

Vous pouvez certainement le faire chaque fois que vous avez besoin d'un regain de confiance. Si vous êtes une personne occupée, vous pouvez l'intégrer à votre routine quotidienne, de préférence avant de quitter la maison, afin de récupérer des énergies agréables.

Activités supplémentaires visant à renforcer la confiance en soi.

Chacun d'entre nous a connu des jours où le globe ne semblait pas tourner comme il le devrait, et où la tempête ne semblait pas diminuer. En dehors de la pratique de deux minutes pour renforcer la confiance, il existe quelques autres moyens d'améliorer votre confiance. En voici quelques exemples :

Trouvez une activité physique que vous aimez. L'exercice, qu'il s'agisse d'aérobic, d'étirements, de jogging ou de vélo, est un moyen de renforcer votre confiance. Supposez que vous vous sentez déprimé ; réservez au moins 15 minutes pour régler vos problèmes. L'exercice régulier vous aide à mieux dormir et détend vos muscles raides. Il a été démontré qu'il atténue les symptômes du stress et de l'anxiété. Par conséquent, l'exercice améliore non seulement votre apparence, mais aussi votre humeur.

En dehors de l'exercice, vous pouvez faire du sport. Qu'il s'agisse de volley-ball, de basket-ball, de base-ball ou de football, la pratique d'un sport est l'un des innombrables exercices de renforcement de la confiance que vous pouvez faire. Un sport est un excellent moyen d'améliorer la confiance en soi, car frapper ou lancer la balle permet d'évacuer le stress.

Prenez soin de vous. Il est acceptable de dépenser une petite partie de votre argent pour vous-même. Bien qu'il soit essentiel d'étirer votre argent, vous devriez vous permettre de profiter du luxe, ne serait-ce que pour une journée.

Essentiellement n'importe quoi ! Vous pouvez acheter de nouveaux vêtements, des livres ou des gadgets pour vous-même. Si les biens matériels ne vous intéressent pas, vous pouvez dîner dans votre restaurant préféré ou regarder un film.

On vous indique simplement l'itinéraire ; le reste dépend entièrement de vous. Si vous agissez, vous découvrirez que tout est gérable. Si vous prenez tout pour acquis, vous serez désavantagé.

CHAPITRE 6

Les compétences en leadership contribuent à la confiance en soi et à l'estime de soi.

Le succès d'une entreprise dépend souvent de la manière dont vous utilisez efficacement vos capacités de direction en tant que manager. Cette rubrique de conseils contient diverses recommandations destinées à vous aider à développer la confiance en soi et l'estime de soi.

L'utilisation de qualités de leadership sur le lieu de travail peut vous aider à obtenir des incitations financières de la part de votre employeur. Le succès promotionnel en dépend, tout comme le succès financier de votre entreprise.

Les capacités de leadership se caractérisent par l'action. En d'autres termes, il ne s'agit pas d'une compétence managériale au sens traditionnel d'organisation, de planification, etc. D'un autre côté, les compétences de leadership sont celles que vous utilisez pour gagner la confiance, le respect et l'admiration des autres qui vous admirent, mais les compétences de gestion sont également nécessaires.

Développez l'estime de soi et la confiance en soi, qui sont toutes deux des compétences de leadership essentielles. De nombreuses personnes pensent que la confiance en soi est un objectif impossible à atteindre. Dans un instant, je vous expliquerai comment mettre en œuvre les pratiques d'amélioration de soi et de renforcement de la confiance en soi qui m'ont aidé ; mais d'abord, permettez-moi de vous raconter une histoire vraie.

J'ai vécu des traumatismes dans mon enfance qui ont eu un impact sur mes performances et ma capacité à obtenir du travail. En raison de mes peurs, je n'ai jamais eu l'occasion de devenir un leader pour une quelconque organisation.

J'ai été élevé sans parents, et mes tuteurs m'ont torturé et négligé. J'ai quitté l'orphelinat où j'ai été élevé de l'âge de cinq ans jusqu'à la fin de mes études secondaires avec d'importantes blessures émotionnelles.

J'ai caché ces terribles souvenirs à mon esprit conscient ; mais mon esprit subconscient a sapé ma mémoire consciente, anéantissant mon ambition de mener une vie utile. Cependant, j'ai découvert une stratégie pour développer la confiance en soi et l'estime de soi ; cette méthode m'a aidé à obtenir un succès financier dans ma vie.

J'ai acquis la maîtrise de soi nécessaire pour réussir dans la vente. Puis on m'a proposé le poste de directeur commercial de district pour l'Oregon et le sud de l'État de Washington. J'ai développé un sens inaltérable de l'estime de soi et de la confiance en soi, qui sont des compétences de leadership essentielles.

Fixer des objectifs.

Créez des objectifs de confiance et d'estime de soi pour vous-même. Cela vous aidera à croire en vous. Développez la confiance et l'estime de soi, car c'est beaucoup plus facile que vous ne le croyez.

Précisez vos objectifs.

Quantifiez vos réalisations financières. Lorsque vous élaborez vos stratégies de renforcement de la confiance en soi, créez un plan d'action afin de pouvoir suivre vos progrès vers un objectif particulier. Il vous sera beaucoup plus simple de renforcer votre confiance en vous, et vous gagnerez en assurance une fois que vous aurez atteint quelques-uns de vos petits objectifs, qui devraient être très simples à réaliser.

Rendez vos objectifs progressifs.

Reconnaissez et comprenez que vous ne pouvez pas devenir président d'une organisation du jour au lendemain - à moins que votre père ne soit propriétaire de l'entreprise. Il suffit d'attendre qu'il prenne sa retraite. Toutefois, si la carte de votre avenir est déjà gravée dans la roche, il est peu probable que vous soyez en train de lire ce billet.

Se fixer des objectifs mineurs permet de développer plus facilement la confiance en soi. Votre objectif initial peut être d'animer une réunion de service en faisant une présentation. Vous gagnerez en confiance à mesure que vous accomplirez chacun de vos objectifs mineurs.

Établir un contact visuel avec les autres lors d'une conversation.

Une autre compétence interpersonnelle essentielle qui vous aidera à développer la confiance en soi et l'estime de soi est le maintien du contact visuel avec la personne avec laquelle vous conversez. La capacité à faciliter le dialogue est un attribut important du leadership.

Lorsque vous conversez avec une autre personne, prenez le temps de l'écouter.

N'oubliez pas ce que je veux dire : le dialogue est une voie à double sens. Gardez donc cette citation à l'esprit.

Soyez un auditeur attentif. Laissez à la personne avec laquelle vous conversez le temps nécessaire pour exprimer ses pensées. En écoutant, vous cultiverez une aura de chaleur. Les autres apprécieront votre compagnie et gagneront en popularité grâce à l'acquisition de cette importante compétence interpersonnelle. Le résultat final de l'amélioration de vos compétences interpersonnelles sera une augmentation de votre confiance en vous.

De nombreuses personnes se sentent extrêmement vulnérables et croient qu'elles ne seront jamais excellentes en quoi que ce soit. Ce type de mauvaise estime de soi entraînera inévitablement une perte de confiance dans tout ce que vous ferez au cours de votre vie.

Pensez à ce qui suit : Si vous n'avez jamais tenté quelque chose, vous ne pouvez jamais affirmer que vous allez échouer. Par exemple, votre responsable vous propose de superviser une équipe, mais vous avez peur de tout gâcher. Ce type de crainte empêchera probablement une personne d'accepter le poste.

En revanche, si vous avez confiance en vous, vous n'hésiterez pas à changer et accepterez volontiers cette tâche. Une confiance en soi insuffisante pourrait avoir un effet néfaste sur votre progression professionnelle.

Motivez-vous.

Qu'il s'agisse d'une démonstration, d'un entretien d'embauche ou de toute autre chose, montrez-vous que vous êtes capable. Encouragez-vous quotidiennement, et vous remarquerez rapidement que votre confiance en vous augmente.

Une façon simple de s'encourager consiste à dresser une liste d'au moins cinq choses que vous avez bien faites dans la journée. Cette pratique particulière renforce votre conviction inébranlable que vous êtes capable d'accomplir tout ce que vous décidez de faire.

Engagez-vous dans un dialogue positif avec vous-même.

Utilisez un discours optimiste pour chasser les mauvaises idées qui vous encombrent l'esprit. Chaque fois que vous êtes tenté par le pessimisme, rappelez-vous de faire une "pause" et de remplacer toutes ces idées par des idées positives.

Si vous remarquez que vous cherchez à atteindre la perfection, encouragez-vous à faire de votre mieux. Par exemple, si votre esprit est rempli de pensées déprimantes, remplacez-les par des souvenirs heureux. Vous serez ainsi beaucoup plus indulgent envers vous-même, tout en continuant à vous efforcer de vous améliorer.

Une excellente technique pour vaincre le pessimisme consiste simplement à lire et à entendre des choses optimistes. Lire et écouter des articles positifs et affirmatifs peut sans aucun doute vous aider à développer vos capacités et vos compétences en matière de confiance en soi.

Lisez et écoutez des histoires de personnes prospères. Vous remarquerez que la plupart de ces personnes ont connu des circonstances difficiles ; elles ont rencontré de nombreux problèmes et obstacles dans la vie quotidienne, mais elles ont surmonté ces obstacles et sont devenues prospères dans leurs entreprises. Cette méthode sera sans aucun doute payante à long terme, car elle deviendra une source d'espoir pour votre esprit.

Visualisez votre réussite à long terme.

Visualisez-vous souvent en train de vous réjouir de votre succès ! Ressentez le véritable plaisir, l'attente, l'adrénaline et le buzz associés au succès. Pour accroître votre optimisme, visualisez-vous comme un homme ou une femme confiant. Envisagez d'affronter un défi difficile et d'en triompher avec sang-froid et confiance.

Utilisez vos cinq facultés sensorielles pour créer une image intense et réaliste dans votre esprit. Supposons que vous êtes sur le point de donner votre concert de piano et que vous avez du mal à vous détendre.

Imaginez que vous vous dirigez hardiment vers le piano sur la scène. Imaginez que vous jouez avec une assurance et un plaisir complets. Imaginez que les gens tapent dans leurs mains et crient "Encore !". Appréciez la vue, l'odeur et le goût de l'accomplissement. N'est-ce pas énergisant?

Reconnaissez vos réalisations.

Accordez-vous du crédit pour tous les efforts que vous faites. Au lieu de vous concentrer exclusivement sur le succès, mettez l'accent sur l'ensemble du processus de réalisation, sur les efforts courageux et francs déployés.

Félicitez-vous et récompensez-vous chaque fois que vous faites quelque chose qui vous rend heureux. Accordez-vous une pause en allant au restaurant, dans un bon centre de remise en forme ou en prenant le reste de la journée en congé.

Cultivez ces sensations en vous remémorant des réalisations antérieures. Dans votre journal, notez les moments où vous vous sentez vraiment ravi. Il peut s'agir d'une occasion ou d'une performance pour laquelle vous avez ressenti à la fois de la gratitude et un grand sentiment d'accomplissement.

Consolez-vous dans ces souvenirs et puisez-y de l'énergie. Déclarez à haute voix : "Si j'ai été capable d'accomplir ces choses dans le passé, je suis sûr que je peux en accomplir davantage dans le présent et dans l'avenir."

Utilisez vos capacités de leadership car elles peuvent vous aider à réussir dans toutes vos activités. En outre, elles peuvent ouvrir la voie à la réussite en matière de leadership.

CHAPITRE 7

Listes de pouvoirs de confiance en soi pour un leadership fort.

La plupart des managers sous-estiment leurs capacités. Parce que les erreurs, les déficiences et les échecs entachent souvent la tâche de motiver les individus à donner le meilleur d'eux-mêmes.

J'ai connu une femme qui avait obtenu une maîtrise d'anglais dans une université prestigieuse. Elle adorait les romans et la poésie, et nous en parlions régulièrement. Elle exprimait souvent le désir de publier un jour un roman. Je l'ai encouragée à commencer par écrire un jour un récit.

À mon grand étonnement, elle a émis des réserves, déclarant qu'elle n'était pas prête à faire un essai. J'étais perplexe face à son attitude, étant donné qu'elle était étudiante en littérature et qu'elle était une personne réfléchie et perspicace. J'avais vu des échantillons de son travail. Il était tout à fait exquis -

nettement plus que l'ordinaire. Elle se croyait incapable de le faire. Par conséquent, elle ne l'a jamais fait.

En revanche, notre organisation employait auparavant un jeune programmeur informatique qui insistait pour que notre application Web nouvellement développée nécessite un système de gestion de contenu.

Je savais qu'il manquait d'expérience dans ce type de programmation. Il a néanmoins affirmé qu'il pouvait concevoir un système de gestion de contenu générique et personnalisable qui deviendrait un produit autonome.

Nous lui avons donc confié le projet. Il a fait de nombreuses erreurs en cours de route, mais il était incroyable de le voir grandir et, au final, il a réalisé ce qu'il avait dit qu'il ferait, même s'il n'avait jamais rien fait de semblable auparavant.

La différence entre ces deux individus est la confiance en soi, la croyance en sa capacité à accomplir une tâche difficile.

Alors, qui soutiendriez-vous pour réussir ?

L'individu exceptionnellement doué qui se croit incapable ? Ou l'individu qui manque d'expertise mais qui est sûr d'en être capable ?

Croyez que vous pouvez ou que vous ne pouvez pas. Dans les deux cas, vous démontrerez votre justesse.

Lorsque l'on est confronté aux difficultés du leadership, il est naturel de douter de soi. Vous êtes conscient de vos forces et avez accompli de nombreux objectifs au cours de votre vie. Cependant, vous êtes conscient que vous ne pouvez pas exceller dans tout. Vous pouvez penser qu'il est imprudent de ne pas tenir compte de vos limites.

Ne vous sous-estimez pas ! Vous avez un esprit créatif. Vous possédez de la vitalité. Vous pouvez vous appuyer sur ce que vous savez, en acquérant des connaissances en cours de route. Vous pouvez travailler assidûment et refuser d'abandonner. Comme l'a dit le poète allemand Goethe, "Commencez tout ce que vous pouvez réaliser ou envisager ; l'audace contient l'éclat, la force et la magie."

Créez les trois listes de pouvoirs d'un manager sûr de lui pour vous aider à devenir un leader influent.

1. Dressez une liste de toutes vos réalisations - tout ce que vous avez fait et dont vous êtes fier. Accordez-vous du temps. Commencez par votre jeunesse. Vous découvrirez probablement que vous avez oublié une bonne partie de vos réussites !

Chaque fois que vous vous surprenez à penser "Oh, ce n'est pas une grande réussite", repoussez cette idée à l'arrière de votre esprit et notez-la quand même. Une fois que la liste est complète, relisez-la lentement. En analysant chaque élément, exprimez votre gratitude et expliquez pourquoi vous en êtes ravi. Cela devrait être fait pour chaque succès, sans exception.

2. Ensuite, dressez une liste de vos connaissances et de vos capacités. Incluez tout une fois de plus. La liste sera beaucoup plus longue que vous ne l'aviez prévu.

3. Enfin, dressez une liste de vos caractéristiques les plus attachantes. Ne pas tenter la modestie !

4. Une fois que vous avez terminé les trois listes, répétez-vous : "À bien des égards, je suis un candidat solide pour le leadership. J'ai appris et accompli beaucoup de choses dans ma vie. Je suis capable de faire pratiquement tout ce que je décide de faire." Chaque jour, répétez ces phrases trois fois.

Il est facile de perdre de vue son potentiel. Ces trois listes permettent de faire un examen approfondi de vos véritables talents. Créez les trois et gardez-les à portée de main pour les utiliser ultérieurement.

Vous avez déjà gagné le droit d'être sûr de vous et fort pour diriger. Reconnaître vos capacités et vos réalisations est analogue au fait de déposer de l'argent dans une banque. Vous ne serez pas intéressé si vous dévalorisez les aspects positifs de la vie ou si vous négligez de vous accorder du crédit.

Attendez de grandes choses de vous-même, et vous découvrirez que les accomplir devient plus facile.

CHAPITRE 8

Des étapes significatives vers la confiance en soi.

Que vous l'admettiez ou non, vous avez dû vivre une période de bouleversement émotionnel qui a presque détruit votre confiance en vous. Ce qui vous distingue des autres, c'est la façon dont vous avez géré les circonstances à ce moment-là.

Si vous êtes sorti indemne de ce scénario solitaire, vous avez bien fait. Cependant, si vous faites partie des nombreuses personnes qui n'ont pas pu se remettre d'une telle expérience, votre estime de soi a peut-être été brisée.

Qu'est-ce que cela implique ? Cela suggère que votre foi en vos talents a pris un coup important. Vous avez peut-être eu l'impression d'être incapable de faire quoi que ce soit et que toute tentative serait vaine.

Alors, comment surmonter cette situation embarrassante ?

Comment vous persuader que vous avez encore une chance dans la vie et la possibilité de changer les choses ?

La bonne nouvelle est qu'il existe des stratégies pour accroître la confiance en soi. Cela peut prendre un certain temps, mais cela aidera à développer l'image que l'on a de soi. L'estime de soi ne se développe pas du jour au lendemain ; il faut du temps, du dévouement et de la détermination.

Pour développer l'estime de soi, vous devez d'abord vous reconnaître comme le maître de votre propre vie et faire le vœu secret de prendre chaque instant comme une occasion de vous améliorer.

Suivez les trois étapes importantes pour développer la confiance en soi et déterminer votre véritable valeur.

Étape 1 : Adopter la bonne mentalité. Savez-vous ce que l'on ressent lorsqu'on vous confie une tâche et que vous ne pouvez pas l'accomplir malgré tous vos efforts ? C'est pénible et irritant, d'autant plus quand vous savez que vous consacrez tout votre temps et votre talent à cet effort. Le problème peut provenir du fait que vous n'avez pas l'état d'esprit approprié avant de commencer le travail.

Il en va de même lorsqu'il s'agit de développer votre estime de soi. Avant de commencer à mettre en œuvre les nombreuses tactiques ou approches qui peuvent vous aider à retrouver votre confiance en vous, vous devez vous préparer mentalement à ce long voyage.

Vous devez prendre du recul et examiner honnêtement votre situation - où vous êtes et où vous voulez aller - puis vous fixer des objectifs réalistes et vous engager à les atteindre.

Considérez les cinq points suivants pour vous aider à développer l'état d'esprit approprié:

Dressez la liste de vos dix réalisations significatives. En dressant cette liste, vous vous rappelez les réalisations que vous avez accomplies alors que votre confiance n'a pas encore été ébranlée. La liste peut contenir quelque chose d'aussi simple que la réussite d'un examen pour obtenir un permis de conduire ou la contribution à des opérations de secours communautaires. Vous devriez avoir une copie de cette liste à portée de main pour la consulter de temps en temps.

Soulignez vos points forts. Vous pouvez réaliser cette activité en demandant à vos amis proches comment ils perçoivent vos points forts et vos points faibles. En étant conscient de ceux-ci, vous pourrez mieux faire face aux opportunités et aux menaces qui peuvent se présenter.

Établissez des objectifs raisonnables. Vos objectifs doivent être réalistes et à la mesure de vos capacités. Visez quelque chose qui est dans vos capacités. Cela est possible une fois que vous avez établi votre confiance en vos capacités.

Contrôlez votre esprit. À ce stade, vous devriez être capable de faire taire votre esprit des pensées négatives qui pourraient miner votre confiance. Vous devez développer la capacité d'ignorer la négativité et de vous concentrer sur le positif.

Étape 1 : Faites une proclamation publique de votre engagement. Cette étape est cruciale - vous devez faire une promesse sincère de mener à bien la procédure du début à la fin.

Étape 2 : Commencez la procédure. Une fois que vous avez établi l'état d'esprit approprié, vous êtes prêt à faire le premier pas et à commencer la procédure. Il est crucial de se rappeler que vous pouvez commencer par de petits pas et que vous ne devez pas vous décourager. Une fois que votre confiance en vous a été rétablie, vous pouvez relever des défis plus importants que ceux que vous pensez être capables de relever.

Troisième étape. Acceptez tous les obstacles. Grâce à cette approche, vous serez en mesure d'accroître progressivement votre estime de soi, même si les résultats semblent mineurs.

Avec ces triomphes mineurs à votre actif, vous serez en mesure d'accepter des défis plus importants. Lorsque vous vous attaquez à des difficultés nouvelles et plus importantes, vous communiquez efficacement que vous possédez les talents et la confiance nécessaires pour les surmonter.

La confiance découle de la domination de soi. En adoptant les comportements appropriés, vous pouvez renforcer votre estime de soi, et une estime de soi saine a une incidence directe sur votre vie et sur tout ce que vous souhaitez faire.

CONCLUSION.

Les managers sûrs d'eux ont une capacité étonnante à attirer les autres vers eux. On a constaté que les subordonnés fonctionnent efficacement sous la direction de décideurs confiants.

Sans cet attribut, le système interne de toute entreprise se détériore et les employés commencent à remettre en question la direction. En conséquence, la rivalité sur le lieu de travail est encouragée et une ressource humaine précieuse est perdue.

On suppose qu'une personne sûre d'elle connaît tout. Cette affirmation n'est pas exacte. Parce que les leaders sûrs d'eux stimulent les gens, ils incitent les employés à se surpasser car leur force aide les autres à se réaliser.

Il est dit que la confiance en soi ne peut être développée du jour au lendemain. Toutefois, cela ne signifie pas qu'il n'y a aucune possibilité de l'améliorer. Il s'agit d'un processus d'éducation graduel qui commence par un changement d'état d'esprit et l'acquisition d'une nouvelle perspective sur la vie.

La reconnaissance de vos réalisations constitue une première étape. Concentrez-vous sur vos réalisations professionnelles à ce jour plutôt que d'être obsédé par vos échecs passés. La médisance vous rendra malheureux.

Il n'y a rien de mal à se féliciter de temps en temps. Cela aide à développer l'estime de soi. Ne vous sous-estimez jamais, ni ne sous-estimez les efforts que vous avez dû fournir pour en arriver là.

La deuxième étape consiste à évaluer vos points forts. Où brillez-vous dans votre vie personnelle et professionnelle ? Naturellement, il est toujours possible de s'améliorer. Cependant, se concentrer sur vos défauts n'améliorera pas non plus les choses.

Votre vie doit être centrée sur vos points forts. Commencez à croire en vous. Laissez les petites frustrations et déceptions de la journée l'emporter sur tous vos succès spectaculaires.

Réfléchissez à vos projets. Que vous voyez-vous faire dans les cinq prochaines années ?

Que devez-vous faire, et comment y parvenir ?

Acquérez la capacité de le contrôler. Mark Victor Hansen a déclaré : "Attendez que tout soit parfait avant de passer à l'action. Ce ne sera jamais sans défaut. Il y aura toujours des obstacles, des difficultés et des conditions moins qu'idéales.

Quel est l'intérêt ? Commencez immédiatement. À chaque étape, vous deviendrez plus fort, plus compétent, plus confiant et plus performant.

Compétences en gestion pour les gestionnaires
1. Gestion du temps pour les gestionnaires
2. Coaching des employés pour les managers
3. Développement de l'esprit d'équipe pour les managers
4. Confiance en soi pour les managers
5. Techniques de négociation pour les managers

6. Compétences en matière de service à la clientèle pour les managers
7. A venir

www.ingramcontent.com/pod-product-compliance
Lightning Source LLC
Chambersburg PA
CBHW070425240526
45472CB00020B/1382